BEI GRIN MACHT SICH IHR WISSEN BEZAHLT

- Wir veröffentlichen Ihre Hausarbeit, Bachelor- und Masterarbeit

- Ihr eigenes eBook und Buch - weltweit in allen wichtigen Shops

- Verdienen Sie an jedem Verkauf

Jetzt bei www.GRIN.com hochladen und kostenlos publizieren

Bibliografische Information der Deutschen Nationalbibliothek:

Die Deutsche Bibliothek verzeichnet diese Publikation in der Deutschen Nationalbibliografie; detaillierte bibliografische Daten sind im Internet über http://dnb.d-nb.de/ abrufbar.

Dieses Werk sowie alle darin enthaltenen einzelnen Beiträge und Abbildungen sind urheberrechtlich geschützt. Jede Verwertung, die nicht ausdrücklich vom Urheberrechtsschutz zugelassen ist, bedarf der vorherigen Zustimmung des Verlages. Das gilt insbesondere für Vervielfältigungen, Bearbeitungen, Übersetzungen, Mikroverfilmungen, Auswertungen durch Datenbanken und für die Einspeicherung und Verarbeitung in elektronische Systeme. Alle Rechte, auch die des auszugsweisen Nachdrucks, der fotomechanischen Wiedergabe (einschließlich Mikrokopie) sowie der Auswertung durch Datenbanken oder ähnliche Einrichtungen, vorbehalten.

Impressum:

Copyright © 2018 GRIN Verlag
Druck und Bindung: Books on Demand GmbH, Norderstedt Germany
ISBN: 9783668886247

Dieses Buch bei GRIN:

https://www.grin.com/document/456332

Jennifer Herzog

Einführung in die Psychologie. Grundlagen und Anwendungsfächer

GRIN Verlag

GRIN - Your knowledge has value

Der GRIN Verlag publiziert seit 1998 wissenschaftliche Arbeiten von Studenten, Hochschullehrern und anderen Akademikern als eBook und gedrucktes Buch. Die Verlagswebsite www.grin.com ist die ideale Plattform zur Veröffentlichung von Hausarbeiten, Abschlussarbeiten, wissenschaftlichen Aufsätzen, Dissertationen und Fachbüchern.

Besuchen Sie uns im Internet:

http://www.grin.com/

http://www.facebook.com/grincom

http://www.twitter.com/grin_com

Einsendeaufgabe

Psychologische Grundlagen und Anwendungsdisziplinen

Abgegeben am 25.11.2018 im Mobile University Campus

Modul: Einführung in die Psychologie

Alternative B: Psychologische Grundlagen und Anwendungsdisziplinen

von

Jennifer Herzog

Studiengang: Psychologie (B. Sc.)

Inhaltsverzeichnis

Abkürzungsverzeichnis 3

Aufgabe B1 4

    Verhältnis von psychologischen Grundlagen- und Anwendungsfächern 4

    Grundlagenwissenschaftliche Erkenntnisse in der praktischen Anwendung 7

Aufgabe B2 9

    Nutzung allgemeinpsychologischer Erkenntnisse zur Gestaltung von Lernprozessen am Beispiel „Motivation" 9

    Motivationsarten und deren Auswirkung auf die „Lern"-Motivation im Studium 11

Aufgabe B3 14

    Psychologische Anwendungsfächer 14

    Beitrag psychologischer Anwendungsfächer zur Lösung aktueller gesellschaftlicher, sozialer und wirtschaftlicher Probleme 16

Literaturverzeichnis 19

Abkürzungsverzeichnis

a.a.O.	am angegebenen Ort
Abb.	Abbildung
Aufl.	Auflage
Bd.	Band
Bde.	Bände
Diss.	Dissertation
et al.	und andere
Hrsg.	Herausgeber
Jg.	Jahrgang
o.J.	ohne Jahr
o.O.	ohne Ort
o.V.	ohne Verfasser
o.S.	ohne Seite
sog.	sogenannt
vgl.	vergleiche
z.B.	zum Beispiel

Aufgabe B1

Verhältnis von psychologischen Grundlagen- und Anwendungsfächern

Die Psychologie ist eine empirische Wissenschaft, deren Ziel es ist, das beobachtbare und auch nicht beobachtbare Verhalten eines Individuums - also auch mentale Prozesse: Emotion, Kognition und Motivation – zu beschreiben, zu erklären, vorherzusagen und zu beeinflussen. [1] Es wird im Allgemeinen in der Psychologie zwischen Grundlagenfächern, Anwendungsfächern und Methodenfächern unterschieden.

Zu den psychologischen Anwendungsfächern gehören die Arbeits- und Organisationspsychologie, die Pädagogische Psychologie, die Markt- und Werbepsychologie, die Medien- und Kommunikationspsychologie, die Klinische Psychologie und die Rehabilitationspsychologie. Auf der anderen Seite stehen die psychologischen Grundlagenfächer mit der Entwicklungspsychologie, der Biologischen Psychologie, der Differentiellen Psychologie und Persönlichkeitspsychologie, der Allgemeinen Psychologie, der Geschichte der Psychologie, und der Sozialpsychologie, in denen allgemeinpsychologische Theorien und Modelle vermittelt werden.

Entwicklungspsychologie

Die Entwicklungspsychologie beschäftigt sich mit körperlichen und geistigen Veränderungen, die der Mensch von der Empfängnis bis hin zu seinem Tode durchlebt. Im Mittelpunkt stehen die intraindividuellen Veränderungen des Erlebens und Verhaltens und die dabei auftretenden interindividuellen Unterschiede. [2]

Das Ziel ist es, herauszufinden, wie und wieso sich der Mensch im Laufe seines Lebens in Bezug auf seine geistigen Fähigkeiten, sozialen Beziehungen und andere wichtige Aspekte verändert. Dabei unterscheidet man die wichtigsten Phasen im Leben eines Menschen: Pränatal (Empfängnis bis zur Geburt), Säuglingsalter (Geburt bis etwa 12 Monate), frühe Kindheit (ab etwa 12 Monaten bis etwa 3 Jahren), mittlere Kindheit (ab etwa 3 Jahren bis 6 Jahren), späte Kindheit (ab etwa 6 Jahren bis etwa 11 Jahren), Adoleszenz (ab etwa 11 Jahren bis etwa 20 Jahren), frühes Erwachsenenalter (ab etwa 20 Jahren bis etwa 40 Jahren), mittleres Erwachsenenalter (ab etwa 40 Jahren bis etwa 65 Jahren), hohes Erwachsenenalter (ab etwa 65 Jahren und älter).[3]

---

[1] Vgl. Myers (2014), S. 6
[2] Vgl. Lohaus/ Vierhaus (2015), S.3
[3] Vgl. Gerrig, (2015), S. 368

Jedoch sind die körperlichen, kognitiven, sprachlichen und sozialen Entwicklungen denen der Mensch im Laufe seines Lebens unterliegt, wesentlich bedeutender als die starre Betrachtung der einzelnen Phasen.

Ebendiese Veränderungen stehen untereinander in einem Zusammenhang, sind auf ein Ziel hin gerichtet und treten in einer Reihenfolge auf, die nicht umkehrbar ist.[4]

Zur Entwicklungspsychologie gibt es viele theoretische Perspektiven, die versuchen, Entwicklung zu erklären. Einige von ihnen wurden von bekannten Psychologen wie Jean Piaget (kognitive Entwicklungspsychologie des Kindheits- und Jugendalters), Sigmund Freud (fünf Phasen der psychosexuellen Entwicklung, Instanzenmodell), Albert Bandura (Theorie des sozialen Lernens), Kurt Lewin (Theorie von der Differenzierung und Integration des individuellen Lebensraums) und einigen anderen aufgestellt.

Allgemeine Psychologie

In der allgemeinen Psychologie setzt man sich mit den Wirkungsweisen der Wahrnehmung, der Aufmerksamkeit, des Problemlösens, des Gedächtnisses, des Lernens, der Motivation, der Emotion, des Bewusstseins und der Volition auseinander. Diese gehören alle zu den Grundfunktionen des Menschen und werden in zwei Teildisziplinen aufgeteilt: Die erkennenden Funktionen (Wahrnehmung, Aufmerksamkeit, Gedächtnis und Problemlösen) und die dynamischen Funktionen (Motivation, Emotion und Lernen).[5] Diese Aufteilung wird allerdings heutzutage als zu starr empfunden, da die Forschungsfelder zu sehr miteinander in Wechselwirkung stehen.

Die allgemeine Psychologie macht es sich zur Aufgabe, möglichst allgemeingültige Regeln und Aussagen über die Psyche des Menschen zu finden und ist daher die direkteste Erklärung für die Funktionsweise des Menschen.[6]

Zusammengefasst erforscht sie also – überwiegend experimentell – allgemeingültige und grundlegende Gesetzmäßigkeiten seelischer Prozesse.

---

[4] Vgl. Altenthal/Betscher-Ott/ et al. (2005), S. 11
[5] Vgl. Sokolowski (2013), S. 12
[6] Vgl. Schmithüsen/Ferring (2015), S. 26

Biologische Psychologie

Die sog. Biopsychologie konzentriert sich auf die Zusammenhänge zwischen psychologischen und biologischen Prozessen. Das menschliche Nervensystem beeinflusst maßgeblich das Erleben und Verhalten eines jeden Menschen. Daher zählt die Biopsychologie auch zu den Neurowissenschaften und umfasst mehrere Forschungsansätze: Die Physiologische Psychologie, die Psychophysiologie, die Neuropsychologie, die kognitiven Neurowissenschaften, die Psychopharmakologie und die vergleichende Psychologie.[7] In all diesen Disziplinen wird die Auswirkung der biologischen und der psychologischen Prozesse in Wechselwirkung beobachtet.

Persönlichkeitspsychologie

Die Persönlichkeitspsychologie ist eine empirische Wissenschaft, die von den individuellen Besonderheiten der Menschen in körperlicher Erscheinung, Verhalten und Erleben handelt und ist klar von der Alltagspsychologie abzugrenzen. Individuelle Besonderheiten sind hierbei klar definiert als zeitlich stabile Eigenschaften, welche zwischen Menschen ähnlichen Alters und gleicher Kultur (Referenzpopulation) variieren und die den Normalvarianten der Persönlichkeit entsprechen und keinen pathologischen Ursprung haben. Die Grenze zwischen Normalität und Pathologie ist dabei von der klinischen Psychologie festzulegen. Die Persönlichkeitspsychologie ist zwar ein Grundlagenfach, kann jedoch in vielfältiger Weise in der Praxis genutzt werden (z.B. Profiling - Kriminalistik, Begutachtung vor Gericht, Personalauswahl).[8] Die differentielle Psychologie überschneidet sich teilweise mit der Persönlichkeitspsychologie, da sie sich auch mit inter- und intraindividuellen Unterschieden auseinandersetzt, aber nicht mit der Persönlichkeitsstruktur des Menschen.[9]

Sozialpsychologie

Im Mittelpunkt der Sozialpsychologie stehen verschiedene Alltagsphänomene des menschlichen Verhaltens und Erlebens in Interaktion mit der sozialen Umwelt. Also sowohl das einzelne Individuum als auch dieses im Kontext der Gruppe. Die Sozialpsychologie entstand aus der französischen Massenpsychologie. Man geht davon aus, dass die menschlichen Kognitionen und Emotionen wichtige Determinanten des Verhaltens in

---

[7] Vgl. Schmithüsen/Anton (2015), S. 161-162
[8] Vgl. Asendorpf (2015), S. 8-9
[9] Vgl. Schmithüsen/Krampen (2015), S. 288

bestimmten Situationen sind. Diese vermittelnden Gedanken und Gefühle sollen angeblich das später beobachtbare Verhalten vorhersagen.[10]

Einer der Begründer der modernen Sozialpsychologie, Kurt Lewin, ging davon aus, dass menschliches Verhalten durch Faktoren beeinflusst wird die: an das agierende Individuum gebunden sind, von der Umwelt ausgehen und durch Interaktion mit der Umwelt entstehen.[11]

Die beschriebenen Grundlagenfächer liefern Modelle zur Erklärung und Vorhersage des menschlichen Verhaltens, während die Anwendungsfächer diese Erkenntnisse aufgreifen und praxisorientiert nutzen. Die Grundlagenfächer sind also das Fundament aus dem sich die Anwendungsfächer der Psychologie ergeben haben. Diese einzelnen Fachgebiete sind jedoch nicht voneinander abzukapseln, sondern greifen viel eher ineinander und ergänzen sich gegenseitig zu der Gesamtheit, die dazu nötig ist, die Psychologie als Beruf auszuüben und anwenden zu können.

Grundlagenwissenschaftliche Erkenntnisse in der praktischen Anwendung
Anhand der klinischen Psychologie kann man besonders deutlich sehen, wie psychologische grundlagenwissenschaftliche Erkenntnisse heute ihren Nutzen in der praktischen Anwendung finden.

In diesem Teilgebiet der angewandten Psychologie fokussiert man sich auf Erleben und Verhalten des Menschen, welches mit einem außergewöhnlichen Ausmaß an Leid oder an Funktionsbeeinträchtigungen einhergeht, also dem zentralen Thema der psychischen Störung. Dabei befasst man sich mit Deskription, Klassifikation, Diagnostik, Verbreitung, Verlauf, Ätiologie- und Bedingungsanalyse, Gesundheitsförderung, Prävention, Therapie und Rehabilitation.[12]

Um in dieser Disziplin einen Beruf auszuüben, benötigt man ein breitgefächertes Wissen aus einigen unterschiedlichen Grundlagenfächern, wie zum Beispiel der Entwicklungspsychologie, der differentiellen und Persönlichkeitspsychologie, der Sozialpsychologie und der biologischen Psychologie. Wie grundlagenwissenschaftliche Erkenntnisse der Psychologie in der Praxis angewandt werden können, lässt sich am Beispiel der Persönlichkeitspsychologie in der klinischen Psychologie deutlich erläutern.

---

[10] Vgl. Fischer/Jander/Krueger (2018), S. 2-4
[11] Vgl. Schmithüsen/Steffgen (2015), S. 96
[12] Vgl. Berking/Rief (2012), S. 2

Persönlichkeitspsychologie in der klinischen Psychologie

Da Persönlichkeitsstörungen besonders therapieresistent sind, sollte eine Psychotherapie individualisiert gestaltet werden, unter Berücksichtigung der Persönlichkeit, um möglichst große Erfolge zu erzielen. Dazu ist persönlichkeitspsychologisches Wissen unumgänglich. Genauso ergänzen sich die Persönlichkeitspsychologie und die klinische Psychologie bei Gutachten vor Gericht, bezüglich der Schuldfähigkeit oder des Rückfallrisikos bei Straftätern. Zum Beispiel bei Sexualstraftaten oder Missbrauch und Abhängigkeit von (illegalen) Substanzen. [13]

Hierzu geben sowohl die ICD-10 (das wichtigste und weltweit anerkannte Klassifikationssystem für medizinische Diagnosen), als auch das DSM-V (das dominierende psychiatrische Klassifikationssystem in den USA) ein konkretes Beispiel für die Anwendung persönlichkeitspsychologischer Erkenntnisse in der klinischen Psychologie, da diese zwingend notwendig sind, um psychische Störungen zu diagnostizieren und zu therapieren. In der Praxis werden also Interviews nach diesen Klassifikationsleitfäden durchgeführt, um die qualitativ besten Ergebnisse zu erzielen.

Dieser Prozess benötigt mehrere Schritte; das Explorieren der Symptome, die zu einem Syndrom zusammengefasst werden können und die darauffolgende Diagnose, falls genug verwertbare Kriterien erfüllt sind. Aufgrund der zeitlichen, qualitativen und dimensionalen Aspekte ist die Abgrenzung zwischen normalen und psychisch kranken Zuständen schwierig, kann jedoch durch die Definition von Idealnormen, statistischen Normen, sozialen Normen, subjektiven Normen und funktionalen Normen bewältigt werden. [14]

Anhand dieser in der Praxis genutzten Grundlagen der Persönlichkeitspsychologie wird die Bedeutung und der Zusammenhang zwischen Theorien und Modellen deutlich. Neue Erkenntnisse in der Forschung und der praktisch angewandten klinischen Psychologie bauen darauf auf.

---

[13] Vgl. Asendorpf (2015), S. 10
[14] Vgl. Berking/Rief/Stenzel (2012), S. 10-11

Aufgabe B2

Nutzung allgemeinpsychologischer Erkenntnisse zur Gestaltung von Lernprozessen am Beispiel „Motivation"

Der Begriff „Motivation" bezeichnet Leistungsbereitschaft, Zielgerichtetheit, Eifer und ähnliche Merkmale des menschlichen Handelns. Damit befasst sich die Motivationspsychologie und versucht das zielgerichtete Verhalten, also die Ausrichtung, Ausdauer (Persistenz), Intensität des Zielstrebens und deren Zusammenhänge mit kognitiven, affektiven und physiologischen Prozessen zu analysieren. Dabei werden Reflexe und automatisierte Abläufe auf neuromuskulärer Ebene nicht miteinbezogen; sie sind nicht relevant. Die Ausrichtung des Verhaltens bezeichnet die Beweggründe, aus denen ein Individuum ein bestimmtes Ziel verfolgt, welche wiederum angeben, was dieser Person wichtig ist. Dabei unterscheidet man zwischen dem Tätigkeitsanreiz (die Tätigkeit selbst ist der Anreiz) und dem Zweckanreiz (die Zielerreichung ist der Anreiz). Die Beweggründe einer Person werden ebenfalls als **Motive** bezeichnet, welche als individuelle Präferenzen für bestimmte Anreizklassen (Motivthemen) definiert werden. Dabei wird besonders zwischen drei Anreizklassen separiert, zum einen die Leistung, eine Herausforderung zu meistern, zum anderen Anschluss an das soziale Umfeld zu finden, als auch die Macht zu haben, andere Menschen zu beeinflussen. [15]

Lernen bezeichnet eine Wissensspeicherung oder dauerhafte Veränderung des Verhaltens, die nicht angeboren ist, sondern sich erst durch Erfahrungen bildet. Orientierungsreaktionen, Schreckreaktionen, Reflexe, fixe Verhaltensmuster und Reaktionsketten sind daher auszuschließen, genauso wie Verhalten, welches auf Ermüdung, sensorischer Adaption, Reifung, Prägung, Gewöhnung und Sensitivierung basiert. [16]

Es existieren verschiedene Formen des Lernens, jedoch ist in diesem Zusammenhang das intentionale Lernen (motivierte Lernen) wichtig.

Eine wichtige Art des Lernens ist die operante Konditionierung nach Edward L. Thorndike und B. F. Skinner.

Diese basiert auf unterschiedlichen Reizen, den neutralen Reizen, den angenehmen Reizen und den aversiven Reizen, welche als Verstärker genutzt werden. Folgt ein angenehmer Reiz auf ein Verhalten, wird dieser als positive Verstärkung verstanden. Das vorangegangene Verhalten wird daraufhin sehr wahrscheinlich häufiger gezeigt. Entfernt man jedoch

---

[15] Vgl. Brandstätter/Schüler/Puca/Lozo (2018), S. 3-5
[16] Vgl. Schmithüsen/Ferring (2015), S. 27-28

stattdessen infolge eines Verhaltens einen aversiven Reiz, so spricht man von negativer Verstärkung. Das Verhalten wird in Zukunft genauso wahrscheinlich häufiger zu beobachten sein. Zur negativen Verstärkung gehören sowohl die Fluchtkonditionierung als auch die Vermeidungskonditionierung, also ein gelerntes Verhalten, um einem aversiven Reiz zu entkommen und das, um den aversiven Reiz von vorneherein zu verhindern. Wenn die Verstärkung jedoch dauerhaft ausbleibt, tritt eine operante Löschung ein und das erlernte Verhalten zeigt sich weniger häufig. [17]

Auf der anderen Seite steht die Bestrafung, welche den gegenteiligen Effekt der Verstärkung hervorruft: das vorher gezeigte Verhalten nimmt an Häufigkeit ab. Auch hierbei gibt es zwei zu unterscheidende Arten, die positive und die negative Bestrafung. Bei der positiven Bestrafung wird als Konsequenz eines unerwünschten Verhaltens ein aversiver Reiz hinzugefügt, auf der anderen Seite wird es als negative Bestrafung bezeichnet, wenn man einen angenehmen Reiz entfernt. [18]

Man nehme das Beispiel eines Studierenden, der eine Prüfung hauptsächlich bestehen will, um Anschluss an sein soziales Umfeld (Kommilitonen und/oder Familie) zu finden (Anschlussmotivation) und daher intentional lernt. Seine Motivation ist die Anerkennung der ihn umgebenden Personen, die er erreicht, indem er für besagte Prüfung lernt, Aufgaben erledigt, etc. Möchte man seine Motivation steigern, um ihn in seinem Vorhaben zu unterstützen, wäre es eine gute Möglichkeit, nach den allgemeinpsychologischen Erkenntnissen von Skinner, eben diese gezeigten Verhaltensweisen durch eine positive Verstärkung zu fördern. Die erfolgversprechendste Methode wäre z.B. ihn in Anwesenheit seiner Kommilitonen zu loben (angenehmer Reiz), wenn er gelernt hat und eventuell daraufhin die Prüfung bestanden hat, da eben diese Anerkennung seinem Ziel entspräche. Sein Verhalten würde bei zukünftigen Prüfungen voraussichtlich häufiger gezeigt werden und seine Motivation, erneut Anerkennung zu bekommen oder mehr davon, wäre gesteigert. Genauso wäre es möglich, ihm als negative Bestrafung, die Anerkennung zu entziehen bzw. den Studierenden zu ignorieren (aversiver Reiz), falls er durch unbeständiges Lernen die Prüfung nicht besteht. Um in Zukunft der Blamage des Nicht-Bestehens und dem Entzug der Anerkennung zu entgehen, würde er sehr wahrscheinlich sein Verhalten ändern und beständiger lernen.

---

[17] Vgl. Gerrig (2015), S. 219
[18] Vgl. Myers (2014), S. 306-307

In beiden Fällen hätte besagter Student eine neue Verhaltensweise erlernt. Sein Lernprozess wurde also durch die allgemeinpsychologischen Erkenntnisse aus der Lernpsychologie, genauer der Konditionierung, gestaltet.

Motivationsarten und deren Auswirkung auf die „Lern"-Motivation im Studium

Es gibt einige zu unterscheidende Motivationsarten: die Leistungsmotivation, Anschlussmotivation, Machtmotivation, implizite und explizite Motive, Annäherungs- und Vermeidungsmotivation und die intrinsische Motivation. Diese werden im Folgenden genauer erklärt.

Leistungsmotivation

In der Motivationspsychologie gibt es am meisten empirisch überprüfte Theorien zur Leistungsmotivation, was sie zum am intensivst erforschten Themenfeld macht. Ein Verhalten wird dann als leistungsmotiviert bezeichnet, wenn das Individuum bestrebt ist, eine Aufgabe zu bestehen, etwas herausragend gut zu machen, oder sich im Vergleich mit anderen zu beweisen. Die Anreize für ein solches Verhalten begründen sich in den Emotionen des Stolzes und der Zufriedenheit bei Erreichen des Zieles/des Erfolges nach der Bewältigung der jeweiligen Herausforderung.[19]

Personen, die ein hohes Maß an Leistungsmotivation aufweisen, haben also eine deutlich höhere Chance, ihr Studium positiv abzuschließen, als andere Studenten, da der Erfolg und das Bestehen von Prüfungen und des Studiums selbst ihr Ziel und Anreiz ist. Sie fürchten den Misserfolg und werden daher viel Zeit und Energie in ihre Aufgaben investieren, um einen guten Abschluss zu erreichen.

Anschlussmotivation

Bei der Anschlussmotivation (auch Affiliationsmotiv) werden der Aufbau, die Aufrechterhaltung bzw. die Wiederherstellung von positiven Beziehungen zu anderen Menschen in der Umgebung angestrebt. Dabei versucht man Emotionen wie Vertrauen, Sympathie, Sicherheit oder Liebe in Gegenseitigkeit aufzubauen. Es besteht eine Furcht vor Zurückweisung, welche möglichst vermieden wird. Situationen, in denen man mit fremden oder wenig bekannten Personen Kontakt knüpfen und interagieren kann, werden als anregend empfunden.[20]

---

[19] Vgl. Brandstätter/Schüler/Puca/Lozo (2018), S. 31-32
[20] Vgl. Sokolowski (2013), S. 275-276

So ist es möglich, dass ein Student seine Motivation daraus bezieht, mit seinen Kommilitonen Schritt halten zu wollen und denselben Wissensstand anzustreben, um sich mit ihnen oder anderen fachspezifischen Personen unterhalten zu können und ein Teil dieses Umfeldes zu werden.

Machtmotivation

Macht wird verstanden als die Einflussnahme auf andere Individuen gegen deren Willen.

Das Ziel der Machtmotivation ist es, ein Gefühl von Stärke und Überlegenheit gegenüber anderen Individuen entstehen zu lassen, welches auf eine Einflussnahme auf deren physische, mentale oder emotionale Zustände zurückzuführen ist. Dies und die Kontrolle über andere stehen also im Zentrum, zusammen mit dem positiven Gefühl, das mit der Machtausübung assoziiert wird. Um Macht ausüben zu können, benötigt man aber eine Ressourcenüberlegenheit, welche in sechs Machtquellen (French und Raven, 1959) zu unterscheiden sind: Belohnungs- und Bestrafungsmacht, legitimierte Macht, Vorbildmacht, Expertenmacht und Informationsmacht.[21]

Eine weitere vorstellbare Motivation für einen Studenten wäre also die Expertenmacht. Er versucht dementsprechend besonders gute Noten und einen herausragenden Abschluss zu erreichen und damit eine anerkannte Kompetenz aufzubauen, um durch sein Wissen und seine Fähigkeiten Macht über andere, weniger gebildete Personen zu erlangen.

Implizite und explizite Motive

Man kann Motive auch in „implizit" und „explizit" aufteilen. Implizit bedeutet so viel wie dem Bewusstsein nicht direkt zugänglich und auch nicht direkt messbar, wohingegen explizite Motive bewusst repräsentiert werden und auch erfassbar sind. Diese Motivationssysteme koalieren und/oder konfligieren miteinander. Durch explizite Motive, die durch sozial-evaluierte Anreize entstehen, wird ein respondentes Verhalten (= eine Reaktion auf eine stark strukturierte Situation) vorhergesagt, beispielsweise Entscheidungen und Bewertungen, die auf Abwägungen basieren und bewusst getätigt werden. Dagegen greift in offenen Situationen das operante Verhalten, also die impliziten Motive, welche spontan und durch Eigeninitiative entstehen; sie werden durch die Tätigkeiten selbst angeregt.[22]

Überträgt man das Verhalten von Studenten auf die Studien von Brunstein und Hoyer im Jahr 2002 und von McAdams und Constantin im Jahr 1983, könnte man interpretieren, dass sich

---

[21] Vgl. Brandstätter/Schüler/Puca/Lozo (2018), S. 68
[22] Vgl. Brandstätter/Schüler/Puca/Lozo (2018), S.81, 83-84

ein Student nach einer negativen Leistung, also einer nicht bestandenen Prüfung, mehr anstrengen und positivere Ergebnisse erzielen würde, wenn er ein hohes implizites Leistungsmotiv hat.

Annäherungs- und Vermeidungsmotivation

Der von griechischen Philosophen begründete Hedonismus besagt, dass jedes Handeln darauf aus ist, Freude und Lust zu erreichen, dagegen Schmerz und Missbefinden zu umgehen. An diese Überlegungen stützen sich die Theorien über Annäherungs- und Vermeidungsmotivationen. Dies bedeutet im Grunde genommen, dass das Verhalten dadurch motiviert ist, negative Erlebnisse zu vermeiden (das Nichtbestehen des Studiums und die darauffolgenden Konsequenzen) und positive zu erleben (Anerkennung durch den erreichten Titel). [23]

Intrinsische Motivation

Man kann „intrinsisch motiviert" damit beschreiben, dass einer Tätigkeit um ihrer selbst willen nachgegangen und verfolgt wird ohne den Einfluss anderer Personen oder der Umwelt-Faktoren. Sie befriedigt die Basisbedürfnisse einer Person und unterstützt die Selbstverwirklichung. Als Gegensatz dazu kann man die extrinsischen Motivationen erwähnen, welche nur durch äußere Faktoren, Belohnung, Bestrafung, Überwachung oder ähnliches ausgelöst wird. [24]

„You are so involved in what you're doing you aren't thinking about yourself as seperate from the immediate activity. You're no longer a participant observer, only a participant. You're moving in harmony with something else you're part of." (Csikszentmihalyi, 1975)

Ein intrinsisches Motiv für ein Studium ist das schlichte und einfache Interesse an dem gewählten Fachgebiet und dessen Themen.

---

[23] Vgl. Brandstätter/Schüler/Puca/Lozo (2018), S. 98
[24] Vgl. Brandstätter/Schüler/Puca/Lozo (2018), S. 113

Aufgabe B3

Psychologische Anwendungsfächer

Wie bereits erwähnt, gehören zu den psychologischen Anwendungsfächern die Arbeits- und Organisationspsychologie, die pädagogische Psychologie, die Markt- und Werbepsychologie, die Medien- und Kommunikationspsychologie, die klinische Psychologie und die Rehabilitationspsychologie.

Klinische Psychologie

Im Bereich der klinischen Psychologie befasst man sich mit psychischen Störungen und deren Behandlung.

Dazu gehören heutzutage aber auch viele Teilbereiche, wie die klassisch-psychologische Diagnostik, Psychotherapie und Verhaltensmedizin, neurobiologische Forschung, Formen der Intervention und die Erforschung der professionellen Entwicklung der klinischen Psychologie. Der Kern wird gebildet durch Phänomenologie, Diagnostik, Epidemiologie und Ätiologie, also der Beschäftigung mit psychischen Störungen, als auch mit deren Behandlung und Prävention. [25]

Neuere Entwicklungen der klinischen Psychologie sind unter anderem die Notfallpsychologie, welche sich mit der Erstversorgung in Krisensituationen (z.B. der Tod einer nahestehenden Person) und Katastrophen beschäftigt.

Rehabilitationspsychologie

Die Rehabilitationspsychologie ist ein angewandtes psychologisches Tätigkeitsfeld, welches sich mit den psychosozialen Aspekten von chronischem Krank- oder Beeinträchtigtsein beschäftigt. Sie sucht nach psychologischen Mitteln, mit denen man Bewältigung und gesellschaftliche Teilhabe unterstützen kann. Dabei konzentriert sie sich nicht nur auf psychologische, sondern auf körperliche, kognitive, die Sinne betreffende und chronische Beeinträchtigungen und Erkrankungen des Menschen. [26]

Durch den demographischen Wandel in der heutigen Zeit, den Anforderungen, möglichst lange arbeiten zu können und Leistung zu erbringen, wird dieses Forschungsgebiet immer wichtiger und entwickelt sich immer weiter, um Problemen wie Burn-Out-Syndrom,

---

[25] Vgl. Caspar/Pjanic/Westermann (2018), S. 1
[26] Vgl. Wolf-Kühn/Morfeld (2016), S. 3

Depression, Angststörungen und anderen psychischen Erkrankungen, die den Arbeitsalltag beeinträchtigen, entgegenzuwirken.

Dieses Forschungsgebiet gehört zu der kombinierten beruflich-medizinischen Rehabilitation für psychisch Kranke, welche chronisch beeinträchtigte Menschen in das Alltags- und Berufsleben wieder integrieren soll und ihnen ermöglichen soll, ein selbstbestimmtes Leben zu führen.[27]

Pädagogische Psychologie

„Pädagogische Psychologie ist die wissenschaftliche Erforschung der psychischen Seite der Erziehung, sie setzt Erziehungen und Erziehung als gegebene Tatsache voraus und bemüht sich, diese eigenartige Realität, Erziehung genannt, auf ihre psychologischen Einschläge hin zu analysieren." (1917; zit. Nach Brugger et al. 1993, S. 35)

Die pädagogische Psychologie hat das Ziel, die Erziehung zu erforschen, allerdings aus der Perspektive der Psychologie und mit deren Mitteln. Sie ist der Vermittler zwischen den beiden Fächern Pädagogik und Psychologie und hat sich im Spannungsfeld von Theorie und Praxis entwickelt.[28]

Medien- und Kommunikationspsychologie

Die Kernaufgabe der Medienpsychologie als empirische Wissenschaft ist es, Theorien über medienpsychologisch relevante Sachverhalte zu überprüfen. Diesbezügliche Behauptungen sollen systematisch und objektiv untersucht und überprüft werden.[29]

Die Medienpsychologie bearbeitet hierbei unterschiedliche Aspekte, wie z.B. gesellschaftliche Kommunikation, Medienwahl, kognitive Medienwirkung, Medien in Verbindung zu Emotionen, Gewalt in den Medien, medienvermittelte Stereotype und Vorurteile.

Die Kommunikationspsychologie ist genauso wie die Medienpsychologie eine sehr junge Teildisziplin der Psychologie; sie sind beide dabei sich erst zu entwickeln; sie beschäftigt sich mit vielen unterschiedlichen Definitionen von Kommunikation, deren vielfältige Arten und ihrer Erklärung.

---

[27] Vgl. Wolf-Kühn/Morfeld (2016), S. 5
[28] Vgl. Myers (2014), S. 747
[29] Vgl. Batinic/Appel (2008), S. 4

Besser kann man ihre Aufgabe durch die Arbeit von Kommunikationspsychologen/-innen verdeutlichen, welche die Strukturen und Prozesse von Kommunikation untersuchen und dabei soziale Systeme analysieren. Zusätzlich wird auch die Kommunikation durch Medien erforscht. Daher greifen diese beiden Disziplinen ineinander und können nur zusammen erwähnt werden. [30]

Kognitive Psychologie

Die Kognitive Psychologie beschäftigt sich mit den Vorgängen des Geistes und der Psyche. Sie stellt sich die Frage wie intelligentes Denken hervorgebracht wird und wie die Prozesse des Denkens sichtbar gemacht werden können. Dieses Teilgebiet der angewandten Psychologie hat gewaltige Auswirkungen auf andere Forschungsgebiete, wie der Klinischen Psychologie, der Pädagogischen Psychologie, der Sozialpsychologie und Soziologie, der Linguistik, etc., indem es viele Bereiche und problematische Fragestellungen durch ihr Verständnis für die Art und Weise des Denkens beantwortet. Immer noch bringt die kognitive Psychologie zahlreiche Entdeckungen hervor, welche zur Weiterentwicklung der unterschiedlichen psychologischen Fächer beitragen und die Forschung vorantreiben. [31]

Beitrag psychologischer Anwendungsfächer zur Lösung aktueller gesellschaftlicher, sozialer und wirtschaftlicher Probleme

Aktuell ergeben sich immer wieder neue Probleme der Gesellschaft, an die sich die Psychologie, sowohl in ihren Grundlagen- als auch Anwendungsfächern, anpassen muss. Daher entwickeln sich neue Themengebiete und Fächer aus den ursprünglichen Disziplinen.

Eines der bedenklichsten und akutesten Probleme der Gesellschaft ist die erneut ansteigende Fremdenfeindlichkeit in Deutschland, sichtbar an den Gewalttaten mit (rechts-)extremistischem Hintergrund.

Im Jahr 2017 wurden in Deutschland insgesamt 1.054 Gewalttaten mit rechts-extremistischem Hintergrund verzeichnet; davon waren 774 fremdenfeindliche Gewalttaten. Im Vergleich zum Vorjahr sind besagte Zahlen gesunken (1.600 Gewalttaten gesamt, 1.190 fremdenfeindliche Gewalttaten), jedoch schätzt der Verfassungsschutz die Gewaltbereitschaft der betroffenen Szene immer noch sehr hoch ein. Paradoxerweise stieg die Zahl der Extremisten, die sich dazu bereit sehen, Gewalt anzuwenden von 2016 bis 2017 im Vergleich zu den begangenen Gewalttaten [32]

---

[30] Vgl. Röhner/Schütz (2016) S. 7
[31] Vgl. Anderson (2013) S. 1-3
[32] Vgl. Verfassungsschutzbericht 2017 (2018), S. 26-27

Dieses aktuelle soziale Problem der Gesellschaft zwingt die Psychologie dazu, sich der Frage zu stellen, wieso sich diese gewaltbereite Gesinnung entwickelt und wie man dagegen vorgehen kann.

Ein gängiger Erklärungsansatz ist, dass Angst die Fremdenfeindlichkeit schürt. Diese Angst wird bekanntermaßen Großteils durch die kulturelle Differenz - ungewohnte Verhaltensweisen, Sitten und Ansichten - ausgelöst und veranlasst die Menschen in unserer Gesellschaft zu Schubladendenken, obwohl diese negativen Gefühle eher selten aus persönlichen Erfahrungen stammen, sondern eher aus der Gruppendynamik entstehen.

Ein anderer Gesichtspunkt, der diese problematische Angst erklärt, ist jedoch die mit der Zuwanderung einhergehende Kriminalität. Vergleicht man die Statistiken der fremdenfeindlichen Straftaten von 2016 und 2017 mit der Kriminalität im Kontext von Zuwanderern im selben Zeitraum, kann man direkte Parallelen entdecken.

Im Jahr 2016 waren 8,6% und im Jahr 2017 waren 8,5% aller Tatverdächtiger der Allgemeinkriminalität Zuwanderer. Dieser Prozentsatz steigt im Bereich der Straftaten gegen die sexuelle Selbstbestimmung auf 9,9% und 12,2% und erreicht sein Maximum mit 12% (2016) und 14,3% (2017) in Fällen der Straftaten gegen das Leben.[33]

Man kann also interpretieren, dass die aufkeimende Fremdenfeindlichkeit aus Angst vor den Konsequenzen der Zuwanderung entsteht. Bei diesem Problem ergeben sich viele Möglichkeiten bei denen die Psychologie zur Lösung beitragen kann.

Zuallererst wäre es die Aufgabe der pädagogischen Psychologie, neue und verbesserte Ansätze der Integration für Zugewanderte zu entwickeln und beizusteuern, durch die Immigranten über örtliche Gesetze und andere wichtige Umgangsformen und Verhaltensweisen aufgeklärt werden, damit sie sich besser orientieren können.

Besonders wichtig wäre hierbei die Zuwendung den eingewanderten Kindern gegenüber, im Sinne einer unterstützenden Erziehung und Ausbildung in Kindergärten und Schulen. Dazu gehören im besten Fall Kurse und Projekte die dazu beitragen können, die unterschiedlichen Kulturen einander vorzustellen, Vorurteile zu bekämpfen und Freundschaften zu knüpfen. Dabei könnte man Arbeitsplätze schaffen, indem man besonders gut integrierte Zuwanderer, aus unterschiedlichen Herkunftsländern, mit sehr guten Deutsch-Kenntnissen, als Dolmetscher und Vermittler anstellt, die als Vorbilder fungieren können. Dies kann man als generationsübergreifendes Projekt verstehen, welches dazu beiträgt, Kinder dazu zu

---

[33] Vgl. Kriminalität im Kontext von Zuwanderung (2018), S. 9,23,26

inspirieren, sich im späteren Leben für die eigene Integration und die ihrer Eltern einzusetzen. Somit würde die allgemein entstehende Frustration durch fehlgeschlagene Integrationsversuche gelindert werden.

Die klinische Psychologie müsste ihren Teil erfüllen, indem sie die Trauma-Behandlung in den Fokus stellt und Flüchtlingen aus Kriegsgebieten eine Notfallbehandlung durch ausgebildete Psychologen ermöglicht; dies sollte auch eine Ersteinschätzung inkludieren, welche beinhaltet, die eventuelle Gewaltbereitschaft einzuschätzen, die aufgrund von PTBS entstehen kann und dementsprechende Maßnahmen in die Wege zu leiten, um mögliche zukünftige Straftaten zu verringern.

In den Medien wird bisher sehr häufig über Straftaten und unangenehme bis gefährliche Erlebnisse mit Einwanderern berichtet. Diese Situationen werden oft überspannt dargestellt und breitgetreten, um möglichst hohe Zuschauerzahlen zu erreichen. Leider trägt dies zur kollektiven Angst bei und fördert fremdenfeindliches Denken und Handeln, was durch die Medien-Psychologie erforscht werden sollte, um für neue Ideen zu Gegenmaßnahmen beizutragen und diesem gesellschaftlichen Problem entgegenzuwirken. Dazu gehört, mehr positive Erfolgsgeschichten der Integration und des sozialen Engagements von Zuwanderern in den Vordergrund zu rücken und auch darüber zu berichten, welche Maßnahmen zur Förderung dieses gewünschten Verhaltens, und zur Minderung von Straftaten und unangebrachten Verhaltensweisen ergriffen werden. Dadurch werden Ängste gelindert und rechtsextremen Parolen werden ihrer Argumente und Grundlagen ihres Handelns beraubt.

Da sich die Kommunikationspsychologie ebenfalls mit diesen Themen beschäftigt, müssen diese Fachgebiete zusammenarbeiten. In diesem Kontext würde speziell auch das Themengebiet der Kommunikation zwischen sozialen Gruppen detailliert mit inbegriffen werden. Man sollte sich die Frage stellen, woher die Großteils gescheiterte Kommunikation zwischen Kulturen entsteht und wie man diesen Missstand zum Besseren ändern kann. Ein Ansatz wäre eine Unterstützung im Sinne einer Aufklärung über andere unbekannte Kulturen, deren Verhaltensweisen, Religionen und Sitten, um „befremdliches" Verhalten besser zu verstehen und Toleranz zu erzeugen und beizubehalten.

Literaturverzeichnis

Altenthan, S., Betscher-Ott, S., Dirrigl, W., Gotthard, W., Hobmair, H., Höhlein, R., . . . Schneider, K.-H. (2005). *Pädagogik/Psychologie für die berufliche Oberschule* (Bd. 2 (2. Auflage)). Troisdorf: Bildungsverlag EINS GmbH.

Anderson, J. R. (2013). *Kognitive Psychologie.* (J. Funke, Hrsg.) Berlin Heidelberg: Springer-Verlag.

Ansorge, U., & Leder, H. (2017). *Wahrnehmung und Aufmerksamkeit* (Bd. 2. Auflage). Wiesbaden: Springer Fachmedien.

Asendorpf, J. B. (2015). *Persönlichkeitspsychologie für Bachelor* (Bd. 3. Auflage). Berlin Heidelberg: Springer-Verlag.

Batinic, B., Appel, M. D., & et al. (2008). *Medienpsychologie.* (M. Appel, Hrsg.) Heidelberg: Springer Medizin Verlag.

Berking, M., & Rief, W. (2012). *Klinische Psychologie und Psychotherapie* (Bd. 1 Grundlagen und Störungswissen). (R. Winfried, Hrsg.) Berlin Heidelberg: Springer-Verlag.

Brandstätter, V., Schüler, J., Puca, R. M., & Lozo, L. (2018). *Motivation und Emotion, Allgemeine Psychologie für Bachelor* (Bd. 2. Auflage). Berlin: Springer-Verlag GmbH Deutschland.

Brugger, B., Rath, M., & Wehner, E. G. (1993). *Geschichte der Pädagogischen Psychologie.* Weinheim: Beltz/PVU.

Brunstein, J. (2006). *Lehrbuch-Psychologie.Springer.com.* (B. H. Springer Medizin Verlag, Hrsg.) Abgerufen am 29. August 2018 von https://lehrbuch-psychologie.springer.com/content/implizite-und-explizite-motive

Bundeskriminalamt. (2018). *Kriminalität im Kontext von Zuwanderung.* Wiesbaden: Bundeskriminalamt, 65173 Wiesbaden.

Bundesministerium des Innern, f. B. (2018). *Verfassungsschutzbericht 2017.* Berlin: Bundesamt für Verfassungsschutz.

Caspar, F., Pjanic, I., & Westermann, S. (2018). *Klinische Psychologie.* Wiesbaden: Springer Fachmedien Wiesbaden GmbH.

Csikszentmihalyi. (1975). Definition "Flow". p. 86.

Fischer, P., Jander, K., & Krueger, J. (2018). *Sozialpsychologie für Bachelor* (Bd. 2. Auflage). (S.-V. G. Deutschland, Hrsg.) Berlin.

Gerrig, R. J. (2015). *Psychologie* (Bde. 20., aktualisierte Ausgabe). Hallbergmoos/Deutschland: Pearson Deutschland GmbH.

Lohaus, A., & Vierhaus, M. (2015). *Entwicklungspsychologie des Kindes- und Jugendalters für Bachelor* (Bd. 3. Auflage). Berlin-Heidelberg: Springer-Verlag.

Myers, D. G., Hoppe-Graff, S., & Keller, B. (2014). *Psychologie* (Bd. 3. Auflage). Berlin Heidelberg: Springer-Verlag.

Röhner, J., & Schütz, A. (2016). *Psychologie der Kommunikation.* (U. O. Prof. Dr. J. Kritz, Hrsg.) Wiesbaden: Springer Fachmedien.

Schmithüsen (Hrsg.), F. (2015). *Lernskript Psychologie, Die Grundlagenfächer kompakt.* Berlin Heidelberg: Springer-Verlag.

Sokolowski, K. (2013). *Allgemeine Psychologie für Studium und Beruf.* Hallbergmoos, Deutschland: Pearson Deutschland GmbH.

Wolf-Kühn, N., & Morfeld, M. (2016). *Rehabilitationspsychologie.* Wiesbaden: Springer Fachmedien Wiesbaden.

BEI GRIN MACHT SICH IHR WISSEN BEZAHLT

- Wir veröffentlichen Ihre Hausarbeit, Bachelor- und Masterarbeit

- Ihr eigenes eBook und Buch - weltweit in allen wichtigen Shops

- Verdienen Sie an jedem Verkauf

Jetzt bei www.GRIN.com hochladen und kostenlos publizieren